Die DaF

A2/B1

Von Volker Borbein und Marie-Claire Lohéac-Wieders
Illustriert von Detlef Surrey

Cornelsen

Tödlicher Cocktail

Volker Borbein und Marie-Claire Lohéac-Wieders
mit Illustrationen von Detlef Surrey

Lektorat: Pierre Le Borgne
Layout: Annika Preyhs für Buchgestaltung+
Technische Umsetzung: Klein & Halm Grafikdesign, Berlin
Umschlaggestaltung: Ungermeyer, grafische Angelegenheiten
Umschlagfoto: F1online

www.cornelsen.de

1. Auflage, 1. Druck 2016

Druck: orthdruk, Bialystok

ISBN 978-3-06-120743-4

Inhalt gedruckt auf säurefreiem Papier aus nachhaltiger Forstwirtschaft.

Inhalt

Sie können diese spannende Geschichte auch über einen MP3-Player zu Hause, bei einer Auto-, Zug- oder Busfahrt anhören und genießen. (www.cornelsen.de/daf-bibliothek/audios)

Personen

Eifersucht, Konkurrenzneid, Lügen, Verrat einer Freundschaft und ein schrecklicher Irrtum sind die Elemente, die zu einem tödlichen Cocktail führen.

Die Hauptpersonen der Geschichte sind:

Kaspar Tizip
Kommt aus Mali.
Er ist ein erfolgreicher Künstler.

Venus Tizip
Italienerin und Modell des Künstlers. Ehefrau von Kaspar. Ist sie Opfer* oder Täterin?

Cassio Caste
Italiener. Galerist. Er weiß nicht, was um ihn herum geschieht.

Barbara Caste
Deutsche Ehefrau von Cassio. Welches Geheimnis verbirgt sie?

* Person, die durch ein Verbrechen zu Schaden oder zu Tode kommt

Timo Beil
Galerist und Freund von Kaspar.
Wirklich?

Patrick Reich
Privatdetektiv.
Kann er Barbara noch helfen?

Richard Tauber
Kriminalhauptkommissar.
Freund von Patrick.

Ort der Handlung: Kassel
Zeit der Handlung: Ende Mai

Kapitel | 1

Ende Mai. Es ist herrliches Wetter in Kassel[1]. Für die Jahreszeit ist es ungewöhnlich warm. Die wichtigste Ausstellung moderner Kunst, die *documenta*[2], wird in drei Wochen eröffnet. Aus aller Welt sind Künstler eingeladen, ihre Werke zu zeigen.

Vor der Orangerie in der Karlsaue[3] steht die große Ausstellungshalle. Männer tragen aus Lastwagen verpackte Kunstwerke in die Halle. Künstler sind mit dem Aufbau ihrer Werke beschäftigt. Die ersten Fernsehteams sind zu sehen. Die Kunstwelt wartet mit großer Spannung auf die Eröffnung.

Auch ein 1,80 m großer schlanker Künstler im weißen Designeranzug mit einem roten Schal ist eingeladen. Mit seinem langen vollen Haar und seinen lebhaften braunen Augen fällt er auf. Er hat es geschafft. Er stellt auf der *documenta* aus. Er heißt Kaspar Tizip.

Vor zwanzig Jahren kam er nach Kassel, um an der Kunstakademie[4] zu studieren. Eigentlich wollte er vier Semester bleiben. Aus vier Semestern wurden viele Jahre. Seine Frau Venus sitzt auf einem Stuhl und beobachtet ihn.

Als sie sich kennenlernten, war Venus anders. Sie war für Kaspar der Himmel auf Erden. Sie kam aus einer guten

1 *www.kassel.de*
2 *http://universes-in-universe.de/car/documenta/d-hist.htm*
3 *www.stadtpanoramen.de/kassel/orangerie.html*
4 *www.kunsthochschule-kassel.de/willkommen/?&sub=3*

Familie, sah gut aus und hatte Geld. Sie arbeitete in der Pizzeria ihres Vaters und war immer freundlich.
Er kam aus Mali[5], hatte in Deutschland keine Familie, kein Geld und keine Arbeit. Er hatte nur ein Stipendium[6] für die Kunstakademie in Kassel und bewohnte ein kleines Zimmer.
Wenn er Zeit und etwas Geld hatte, ging Kaspar in die Pizzeria „Venus", in der die Tochter des Besitzers arbeitete. Kaspar zeichnete sie heimlich[7]. Aus den Zeichnungen wurden Bilder. Eines Tages fragte er sie, ob sie nicht für ihn Modell stehen könnte. Venus war bereit und Kaspar begeistert. Sie wurde sein Modell. Obwohl er zehn Jahre älter ist, haben die beiden eine Beziehung begonnen. Sie war achtzehn und er achtundzwanzig. Jetzt, zwölf Jahre später, sind sie verheiratet. Kaspar kann sich ein Leben ohne Venus nicht vorstellen. Sie ist seine Muse. Ohne sie kann er nicht arbeiten. Venus weiß das.
Da Venus und Kaspar keine Kinder haben, kümmert sie sich nur um sich selbst. Sie liebt Kinder, es hat aber nicht geklappt[8]. Sie ist enttäuscht. Venus liebt ihren Mann. Doch sie zeigt ihre Liebe nicht mehr. Kaspar leidet darunter.

5 Staat in Westafrika, seit 1960 unabhängig von Frankreich
6 finanzielle Hilfe
7 niemand sieht, was man tut
8 keinen Erfolg haben; *hier:* keine Kinder bekommen

Kapitel | 2

Barbara Caste ist glücklich.

„Vielen Dank für die wunderschönen Rosen." Sie umarmt ihren Mann. Sie küsst ihn auf die Stirn, auf den Mund. Barbara liebt ihren Mann wie am ersten Tag. Es war Liebe auf den ersten Blick. Sie haben sich auf einer Semesterfete[9] in der Kunstakademie kennengelernt. Cassio kommt aus Italien. Als sie sich kennenlernten, war er schlank. Jetzt hat er einen kleinen Bauch, den Barbara süß findet, wie auch seine kurzen schwarzen Haare. Auffällig ist die Stimme von Cassio. Sie klingt nicht nur für Barbara erotisch. Cassio trägt am linken Mittelfinger einen großen Siegelring. Er streckt manchmal den Arm aus, um seinen Ring anzusehen.

Barbara ist genauso groß wie ihr Mann: 1,75 m. Sie hat grüne Augen und blondes Haar. Sie trägt eine braunrote Kette aus

9 Fest an der Universität zu Semesterbeginn

Holz und manchmal ein grünes Halstuch. Barbara liebt alles, was natürlich ist. Nur selten benutzt sie einen Lippenstift.

„Aber sag mal, warum bringst du mir heute Blumen mit? Habe ich ein wichtiges Datum vergessen? Unser Hochzeitstag ist doch erst im September.“

„Du bist der Grund, Liebling. Also weißt du …“ Er beginnt zu stottern.

„Oder willst du etwas wiedergutmachen?“ fragt Barbara.

Beide schweigen.

„Ich habe dich übrigens heute Mittag in der Stadt gesehen. Du standest vor der *documenta*-Halle mit einer rothaarigen Frau zusammen. Sie war kleiner als du. So wie es aussah, hattet ihr ein interessantes Gespräch. Wer ist diese Frau? Stellt sie auch Bilder aus? Oder ist sie eine Kollegin von dir? Kenne ich sie vielleicht?“

Ohne eine Antwort abzuwarten, geht Barbara in die Küche und kommt mit einem Glas Rotwein zurück.

„Du hast meine Fragen verstanden?“

Ungeduldig blickt sie ihren Mann an. Cassio hat sich auf die Couch gesetzt. Die Rosen liegen immer noch vor ihm auf einem kleinen Tisch.

„Soll ich die Blumen in eine Vase stellen, Liebling?“

„Ja, aber zuerst möchte ich wissen, wer die Frau ist, mit der du gesprochen hast.“

„Ich habe heute mit mehreren Frauen gesprochen. Rote Haare?“ Nach einer kleinen Pause sagt Cassio: „Ich kann mich wirklich nicht erinnern. Es halten sich so viele Leute vor der *documenta*-Halle auf. Beim besten Willen, ich kann dir nicht mehr genau sagen, mit wem ich gesprochen habe. Ich möchte dich schon jetzt informieren: Morgen Abend habe ich einen wichtigen Geschäftstermin. Ich treffe mich mit einem Kunden."

„Kunde oder Kundin? Vielleicht mit der von heute Mittag? In den letzten Tagen hat das Telefon oft geklingelt. Jedes Mal, wenn ich ans Telefon gegangen bin, hat die Person aufgelegt[10]. Kannst du mir das erklären?"

„Nein, natürlich nicht. Ich treffe mich morgen außerdem mit Kaspar. Er will mich dringend sprechen."

Barbara nimmt Cassio in ihre Arme. Mit leiser, aber fester Stimme sagt sie:

„Cassio, ich liebe dich. Du bist mein Leben. Das darfst du nie vergessen. Sollte ich ..."

Das Summen von Cassios Handy[11] unterbricht Barbara.

„Ich rufe später zurück", sagt Cassio nervös.

10 aufhören zu telefonieren
11 Mobiltelefon

Kapitel | 3

Die Kirschbäume blühen. Das Stadtcafé in der Treppenstraße[12] ist gut besucht, ein beliebter Treffpunkt für Jung und Alt. Ungeduldig sieht Kaspar auf die Uhr. Es ist Viertel nach zwei. Er wartet nun seit einer halben Stunde. Cassio ist immer noch nicht da. „Italiener!“, denkt er. „Für sie sind Uhrzeiten Richtzeiten. Eine halbe Stunde mehr oder weniger macht für sie keinen Unterschied.“
Cassio kommt um die Ecke. Er nimmt auf dem Stuhl gegenüber Platz.

12 *www.uni-kassel.de/fb12/afks/Deutsch/obj_text/S_21.htm*

„Hallo Kaspar, entschuldige die Verspätung. Ich hoffe, du hast nicht zu lange gewartet."

Kaspar blickt ihn an.

„Nein, eine halbe Stunde geht gerade noch. Ich habe mir schon etwas bestellt."

Cassio erzählt:

„Ich habe mir über deine Werke Gedanken gemacht. Wir müssen etwas Neues finden. Die Pizzeria, die deine Frau hat, verbinden wir mit der Galerie. Das heißt, wir machen eine Tür zwischen Pizzeria und Galerie und so haben wir Kunst und Gastronomie zusammen."

Kaspar nickt. Cassio fährt fort.

„Wir sollten die Ausstellung unter das Thema „Kunst in Bewegung" stellen. Venus eröffnet die Ausstellung, so eine schöne Frau zieht das Publikum an[13]."

Kaspar ist nicht einverstanden.

„Ich bin der Künstler. Ich stehe im Vordergrund, nicht Venus ... Ich habe keine Lust mehr auf Cocktailparties, wo sich jeder langweilt. Deshalb will ich auch weg von Timo Beil. Er will nichts Neues wagen. Ich dachte, du bist kreativer. Ich will Kunst, die lebt. Das ist mein Ziel."

„Klasse! So denke ich auch. Wunderbar! Ich habe schon eine Idee."

„Welche?" fragt Kaspar.

Cassio erklärt seine Pläne. Kaspar hört zufrieden zu. Das ist genau das Richtige. So etwas gab es noch nie. Er winkt die Bedienung zu sich und bestellt zwei Glas Champagner.

13 fasziniert

Kapitel | 4

„Guten Morgen, Kaspar. Wie laufen die Vorbereitungen für die *documenta*? Darf ich dich zu einer Tasse Kaffee einladen?“

„Lieb von dir, Timo, tut mir leid, aber ich bin momentan total im Stress. Heute Abend passt es mir besser.“

Kaspar hat vor einem Gespräch mit Timo Angst. Wie soll er ihm sagen, dass er die künstlerische und finanzielle Zusammenarbeit mit ihm beenden möchte?

Als Kaspar sein Studium an der Kunstakademie begann, lernte er Timo kennen. Er ist etwas kleiner als Kaspar und hat helle glatte Haare. Er sieht sportlich aus und bewegt sich elegant. Er lächelt immer. Er hat im rechten Ohr einen kleinen goldenen Ring. Timo spricht sehr gut Französisch. Er war am Anfang für Kaspar eine große Hilfe.

Nächtelang haben sie in Timos Junggesellenwohnung[14] über Gott und die Welt diskutiert, über Kunst, Musik, Theater und über den Wunsch von Timo, eine eigene Galerie zu besitzen. Kaspar hielt sich gerne in der Wohnung seines zwei Jahre älteren Freundes auf.

Besonders gut verstand er sich mit Da Vinci, einem wunderschönen rotbraunen Kater, den Timo aus dem Tierheim geholt hatte.

Kaspar fühlt sich nicht wohl in seiner Haut. Er hat das Gefühl, dass er seit einigen Jahren in seiner Arbeit keine Fortschritte mehr macht. Gerade die Gespräche mit ausländischen Künstlern machten ihm deutlich: Du musst nach neuen Wegen, neuen Möglichkeiten suchen, dich erneuern, in eine andere Stadt ziehen. Routine kann tödlich sein.

Es fällt Kaspar schwer, Timo in die Augen zu sehen. Er sieht an ihm vorbei. Die beiden Männer schweigen. Timo wird ungeduldig. Irgendetwas stimmt nicht. Kaspar ist anders als sonst.

„Timo, es fällt mir nicht leicht, aber ich muss dir sagen ..."

Kaspar schwitzt[15]. Mit einem Taschentuch wischt er ein paar Schweißperlen von seiner Stirn. Timo ist ratlos. Was hat das alles zu bedeuten? Was will ihm Kaspar sagen?

Schon seit mehreren Tagen hat Timo den Eindruck, dass Kaspar sich ihm gegenüber merkwürdig[16] verhält. Bis heute hat er geglaubt, dass der Grund dafür die Vorbereitungen für die Kunstausstellung seien. Fragend blickt er Kaspar an.

„Es ist an der Zeit, dass sich unsere Wege trennen. Wir arbeiten seit fast zwanzig Jahren zusammen. Eine lange Zeit. Wir

14 Wohnung eines Mannes, der nicht verheiratet ist
15 Wasser auf der Haut, wenn es sehr heiß ist
16 anders als das Normale; bizarr

kennen uns gut. Vielleicht zu gut. Timo, ich habe die Absicht, in Zukunft mit einem anderen Galeristen zu arbeiten ... So, jetzt ist es heraus[17].“
Timo wird weiß im Gesicht. Tausend Gedanken gehen durch seinen Kopf. Er kann, er will nicht glauben, dass sein Freund ihn einfach so fallen lässt.
Ein Wort nimmt Besitz von Timo: Rache[18].

17 es ist gesagt
18 Strafe für jemanden, der einem etwas Böses angetan hat

Kapitel | 5

„Schön, dich wiederzusehen, Timo", sagt Barbara. Sie stehen Schlange[19] beim neuen Bäcker Thiele[20] in der Kurfürsten-Galerie[21]. Sie nimmt einen Kuchen, zahlt und setzt sich an einen Tisch. Timo Beil, mit einem Kaffee in der Hand, setzt sich zu ihr.

„Ich freue mich auch, dich zu sehen", sagt er.

19 hinter vielen Menschen stehen, die auf etwas warten
20 Bäckerei in der Innenstadt von Kassel
21 *www.kurfuersten-galerie.de*

„Wie läuft deine Galerie, hast du viele Kunden so direkt vor der *documenta*?", fragt Barbara.

„Ich bin zufrieden, danke ... Ich habe dich schon lange nicht mehr gesehen, dafür habe ich deinen Mann und Venus ein paar Mal im Alex[22] gesehen. Venus ist eine Schönheit."

„Cassio?", fragt Barbara erstaunt. „Mit Venus zusammen in der Brasserie?"

„Entschuldige. Hast du das nicht gewusst? Vor zwei Wochen sah ich von Weitem Venus Tizip auf dem Friedrichsplatz[23]. Ich wollte sie begrüßen, doch sie bemerkte mich nicht. Ich sah, wie sie in die Brasserie ging und sich zu deinem Mann setzte."

„Zu Cassio? Die Frau von Kaspar, die Frau des Künstlers Kaspar zu meinem Mann?" Barbara ist entsetzt.

„Ja. Ich konnte nicht verstehen, was sie sagten. Cassio und Venus unterhielten sich angeregt auf Italienisch. Gestern wollte ich mir die Galerie von Cassio ansehen. Durch die Glasscheiben sah ich sie wieder, Cassio und Venus. Sie standen nah beieinander. Bevor sie gingen, gaben sie sich Küsschen."

Barbara sitzt wie versteinert da. Ihren Kuchen hat sie nicht angerührt. Timo lächelt selbstzufrieden.

„Nein, du musst dich irren. Du kannst meinen Mann nicht gesehen haben. Er ist mit der *documenta* zu sehr beschäftigt ... Die Frau war nicht ... seine Schwester?" Barbara ist verzweifelt.

„Ich habe mich vielleicht geirrt. Ich kenne seine Schwester nicht. Auf jeden Fall sah die Frau fantastisch aus. Sie haben viel gelacht. Na ja, du kennst ja die Italiener."

22 Name eines Cafes und Restaurants in der Innenstadt
23 einer der größten städtischen Plätze in Deutschland

„Ich kenne sie sehr gut." Barbara sieht Timo an. „Ich muss gehen, meine Mittagspause ist gleich vorbei. Ein Chemiekonzern ohne die leitende Ingenieurin ist nicht so gut. Danke für das Gespräch. Tschüss, Timo."

„Na warte, Venus, Göttin der Schönheit und der Liebe. Du wirst schon sehen." Barbara hat einen festen Entschluss gefasst: Rache. Hektisch läuft sie die Königsstraße hinunter. Timo triumphiert. Sein böses Spiel war leichter, als er gedacht hatte. Gut, dass Barbara so eifersüchtig ist.

Kapitel | 6

Barbara hat Durst. Sie geht in die Küche. Aus dem Kühlschrank nimmt sie eine Flasche mit Orangensaft. Mit einem Glas geht sie ins Wohnzimmer. Sie schaltet den Fernseher an, nimmt ein Buch in die Hand, blättert darin herum. Sie lässt das Buch fallen, will Orangensaft trinken. Das Glas ist leer. Barbara stellt den Fernseher ab, legt eine CD in den CD-Player. Sie geht in die Küche zurück, öffnet den Kühlschrank und findet die Flasche mit Orangensaft nicht mehr.
Barbara blickt um sich. Sie hat das Gefühl, in einer fremden Küche zu sein. Barbara ist durcheinander[24].
Sie geht ins Schlafzimmer. Sie sucht im Kleiderschrank einen Schal. Aus dem Schrank kommt ein Geruch[25], den sie nicht

24 nicht mehr wissen, was passiert; irritiert, verwirrt
25 kann man mit der Nase feststellen

kennt. Barbara setzt sich auf das Bett. Nach einer Weile steht sie auf und nimmt einen Anzug von Cassio aus dem Schrank. Der Anzug riecht nach einem fremden Parfum: leicht süß mit dem Duft frischer Zitronen. Aus dem Wohnzimmer hört sie Musik. Die CD hatte sie vor drei Monaten ihrem Mann als Erinnerung an einen besonders schönen Abend geschenkt, den sie in Italien verbracht hatten.

Das alles ist zuviel für Barbara. Ist die Geschichte wahr, die ihr Timo erzählt hat? Hat Cassio eine Affäre mit Venus? Plötzlich ergibt alles einen Sinn: das fremde Parfum, die häufigen Besuche von Cassio bei Kaspar, die Telefonate.

Barbara fühlt sich schlecht, deprimiert. Sie ist unglücklich. Ihr Unglück hat einen Namen: Venus. Sie ruft ihre Freundin Petra von der Aue[26] an:

„Kann ich dich so bald wie möglich treffen? Ich muss unbedingt mit dir sprechen."

„Klar, in einer Stunde bei mir?"

Barbara erzählt Petra von ihrem bösen Verdacht. Petra sieht ihre Freundin an.

„Barbara, ich sehe, wie du dich kaputt machst mit all den Fragen, die du dir stellst. Lange kannst du so nicht weitermachen. Ich rate dir dringend, einen Privatdetektiv zu engagieren. Ich kenne einen, der mir auch schon in einer ähnlichen Situation geholfen hat. Er heißt Patrick Reich. Warte einen Augenblick, ich hole seine Telefonnummer."

26 *siehe:* „Jeder ist käuflich"; *www.cornelsen.de/daf-bibliothek*

Kapitel | 7

Barbara ruft Patrick Reich an. Sie vereinbaren einen Termin. Zwei Stunden später besucht Barbara den Privatdetektiv in seinem Büro. Patrick Reich ist genau so, wie ihn Petra beschrieben hat: ein gut aussehender Mann mit Fliege, kurzem blondem Schnurrbart[27], Anfang dreißig.
Patrick verspricht, Barbara zu helfen. Erleichtert verlässt sie nach einer Stunde das Büro.
Drei Tage später.
Es ist warm. Vor der Orangerie in der Karlsaue haben sich Gäste zu einer Cocktailparty zusammengefunden. Die Sonne geht allmählich unter. Die Schatten sehen bizarr aus. Patrick Reich genießt die Stimmung. Barbara steht neben ihm. Venus und Kaspar halten ein Cocktailglas in der Hand.

27 Haare über der oberen Lippe

Venus berührt ihren Mann und sagt ihm etwas ins Ohr. Instinktiv konzentriert sich der Privatdetektiv auf Kaspar Tizip. Irgendwas stimmt nicht. Kaspar fasst sich mit der linken Hand an den Hals. Er will sprechen. Kein Ton kommt über seine Lippen. Die Farbe seines Gesichts verändert sich. Das Cocktailglas fällt auf den Boden. Kaspar kann sich nicht mehr auf den Beinen halten. Er verliert das Gleichgewicht[28]. Leblos liegt er in seinem weißen Designeranzug auf dem Rasen, neben ihm der rote Schal.

Patrick reagiert sofort. Er ruft den Rettungsdienst an. Fünf Minuten später ist der Notarzt da. Die Gäste der Cocktailparty stehen in einem Kreis um Kaspar herum. Sie stehen unter Schock. Der Arzt kniet neben Kaspar und untersucht ihn. Er blickt auf die Gäste.

„Ist ein Angehöriger[29] des Patienten hier anwesend?"

Alle sehen Venus an. Bleich und mit großen ungläubigen Augen starrt sie auf den Arzt.

„Ich bin seine Frau."

„Es tut mir sehr leid. Ich kann nichts mehr für Ihren Mann tun. Ich glaube nicht, dass Ihr Mann eines natürlichen Todes gestorben ist."

Patrick Reich hat aufmerksam zugehört. Er nimmt sein Handy aus der Tasche und ruft seinen Freund Richard, den Kriminalhauptkommissar, an.

Cassio nimmt Venus in seine Arme. Barbara wirft den beiden wütende Blicke zu. Sie sagt nichts. Noch nicht.

28 Balance, Stabilität
29 Mitglied einer Familie

Kapitel | 8

„Nett von dir, dass du mich anrufst. Liegen schon Ergebnisse von der Obduktion[30] vor?"

„Ja", antwortet Richard. Beide kennen sich schon lange und helfen sich gegenseitig.

„Ich höre", sagt Patrick.

Er nimmt eine Zigarette. Er steckt sie in den Mund. Er sieht auf seinem Schreibtisch das Foto seiner Freundin Constanze. Sie hat ihrem Freund das Rauchen verboten. Einen Augenblick kämpft Patrick mit sich. Dann legt er die Zigarette zurück.

„Kaspar Tizip ist an einer Vergiftung gestorben. Das Gift konnte sowohl in seinem Magen wie auch in dem Cocktail-

30 Autopsie

glas nachgewiesen werden. Das Labor untersucht noch, um welches Gift es sich genau handelt. In zwei Tagen wissen wir mehr."

Patrick bedankt sich für die Informationen.

„Was hast du jetzt vor, Richard?"

„Na ja, ich werde wohl mit der Frau des Toten, mit Cassio Caste, Barbara Caste und Timo Beil reden. Ich habe sie für heute Nachmittag vorgeladen[31]. Ich halte dich auf dem Laufenden[32]. Tschüss."

Nachmittags, 15.30 Uhr. Im Büro des Kommissars.

„Frau Tizip, ich möchte Ihnen zuerst mein Mitgefühl aussprechen. Haben Sie trotz Ihrer Trauer die Kraft, einige Fragen zu beantworten?"

Frau Tizip weint leise. Ihre Augen sind rot.

„Alle Hinweise sprechen dafür, dass Ihr Mann einem Verbrechen zum Opfer gefallen ist. Hatte Ihr Mann Feinde?"

Venus Tizip schüttelt den Kopf.

„Nein, das kann ich mir nicht vorstellen."

„Wirklich nicht?"

„Nun ja, die Konkurrenz unter den Künstlern ist groß. Mein Mann ist … war ein international anerkannter Künstler. Ein Mord? Nein. Ich kann Ihnen wirklich nicht weiterhelfen."

„War Ihr Mann in der letzten Zeit verändert? Hatte er mit jemandem Streit? Bitte überlegen Sie genau, denn jede Kleinigkeit kann wichtig sein."

Venus Tizip überlegt.

„Jetzt, da Sie von Streit reden, fällt mir etwas ein. Ich weiß nicht, ob das von Bedeutung ist, vielleicht …"

31 auf das Kommissariat bestellen
32 jemanden gut informieren

„Sprechen Sie, Frau Tizip. Erzählen Sie mir, was Ihnen aufgefallen ist."

„In den letzten Tagen hatte Kaspar öfter Streit mit Timo Beil, seinem Galeristen. Einmal hat Timo meinen Mann angeschrien[33]."

„Haben Sie verstanden, worum es ging?"

„Nicht genau. Es ging wohl um einen Vertrag, Geld ... viel Geld. Ja, das habe ich gehört und sie sprachen von Enttäuschung und Verrat."

Frau Tizip schweigt. Mit einem kleinen Taschentuch wischt sie ihre Tränen ab.

„Frau Tizip, Sie haben mir wirklich sehr geholfen. Vielen Dank noch einmal, dass Sie kommen konnten."

Der Kommissar begleitet Frau Tizip zur Tür. Draußen wartet Timo Beil.

„Kommen Sie bitte mit."

Timo Beil folgt dem Kommissar ins Büro.

33 sehr laut sprechen

Kapitel | 9

„Herr Beil, Sie waren langjähriger Freund und Galerist des Verstorbenen?"

„Wir kennen uns schon sehr lange."

„Gab es in der letzten Zeit zwischen Ihnen Probleme?"

„Es gab geschäftliche Differenzen. Privat war alles in Ordnung."

„Erklären Sie das bitte, Herr Beil."

„Kaspar Tizip wollte den Galeristen wechseln. Er wollte in Zukunft mit Cassio Caste arbeiten."

„Verstehe ich Sie richtig, Herr Beil? Herr Tizip hatte die Absicht, die Zusammenarbeit mit Ihnen zu beenden?"

„Ja."

„War sonst noch etwas zwischen Ihnen und Kaspar Tizip?"

„Nein. Zwischen uns beiden nicht. Aber seine Frau ..."

Timo Beil bricht ab. Richard sieht Timo neugierig an.

„Was ist mit seiner Frau?"

„Nichts Bestimmtes. Für Ihren Fall ist das nicht wichtig. Na ja, ich wollte mit Kaspar darüber reden, doch das konnte ich nicht. Er war doch mein bester Freund."

„Was konnten Sie ihm nicht sagen?" Richard bleibt hartnäckig.

„Seine Frau und Cassio standen sich viel zu nah, um nur Freunde zu sein. Ich habe sie einige Male zusammen gesehen. Sehr intim. Aber das gehört nicht hierher."

„Sie meinen also, Herr Caste und Frau Tizip hatten ein Verhältnis?"

„Ja."

„Wie gut kennen Sie Frau Tizip?"

„Seit elf Jahren. Kaspar hat sie nicht sehr oft in meine Wohnung mitgenommen. Sie mag keine Katzen. Sie mag überhaupt keine Tiere. Das passt zu ihr. Sie ist kalt. Wie eine Porzellanfigur[34]: schön, weiß, glatt, kalt."

„Trauen Sie ihr einen Mord zu?"

„Ich möchte niemanden beschuldigen. Aber wenn Sie mich so fragen: Ja, ich glaube schon. Sie ist übrigens seit Jahren in psychologischer Behandlung."

„Wissen Sie warum?"

„Sie kann keine Kinder bekommen. Das macht sie verrückt."

„Herr Beil, Sie haben mir sehr geholfen. Danke."

Richard geht in die Kantine. Er denkt nach: Wenn Venus ein Verhältnis mit Cassio hat, ist sie verdächtig. Venus hat ein Motiv und die Gelegenheit ihren Mann zu töten. Am Nachmittag wird der Kommissar mehr erfahren. Er hat das Ehepaar Caste in sein Büro geladen.

34 kleine Skulptur, Statue aus Keramik

Kapitel | 10

„Schön, Frau Caste, dass Sie gekommen sind. Ich würde gern zuerst Ihrem Mann ein paar Fragen stellen. Geht das in Ordnung?“, fragt der Kriminalhauptkommissar das Ehepaar Caste. „Bitte, nehmen Sie Platz, Herr Caste. Wer könnte ein Motiv haben? Können Sie sich vorstellen, dass jemand Kaspar Tizip töten wollte?“

„Überhaupt nicht. Er war bei allen beliebt. Ich verstand mich besonders gut mit ihm. Vor einer Woche, nein, warten Sie, vor zehn Tagen hat er mir ein tolles Angebot gemacht: Ich sollte sein neuer Galerist werden. Es gab da wohl Schwierigkeiten zwischen ihm und Timo Beil. Kaspar hatte das Gefühl, neue künstlerische Wege gehen zu müssen. Das war für Timo eine schwierige Situation. Immerhin haben die beiden über eine lange Zeit zusammengearbeitet. Timo hat gut an Kaspar verdient. Herr Kommissar, bitte verstehen Sie mich nicht falsch. Ich will natürlich damit nicht sagen, dass Timo irgendwas mit dem Tod von Kaspar zu tun haben könnte. Allerdings ..." Cassio ist nervös. Nach einer Pause sagt er: „Reden Sie mit meiner Frau. Sie kann Ihnen mehr über die Beziehung zwischen Kaspar und Timo sagen. Schließlich ist sie mit Venus eng befreundet."

„Vielen Dank für Ihre Offenheit, Herr Caste. Bitten Sie Ihre Frau in mein Büro."

„Herr Kommissar, für meinen Mann ist der Tod von Kaspar Tizip ein großer Verlust. Sie haben sicherlich schon gehört, dass mein Mann in Zukunft mit Herrn Tizip arbeiten sollte. Jetzt, da Kaspar tot ist, steigt der Wert seiner Kunst."

„Wer profitiert Ihrer Meinung nach von seinem Tod, Frau Caste?"

„Mir fallen dazu zwei Personen ein: Timo und Venus. Sie ist die Erbin. Ihr gehört alles. Sie ist jetzt reich und frei." Barbara Caste spricht immer schneller. „Es kriselte seit einiger Zeit in der Ehe von Kaspar und Venus. Böse Zungen[35] behaupten, dass Venus ein Verhältnis mit meinem Mann haben soll. Ich weiß davon nichts."

Barbara wird rot. Sie beißt sich auf die Lippe. Ihr wird klar, dass sie zu viel erzählt hat. Richard lächelt. Er ist der Lösung des Falls[36] einen großen Schritt näher gekommen.

35 böse Menschen
36 ein Ereignis, das von der Polizei untersucht wird

Kapitel | 11

Richard sitzt im Kommissariat hinter seinem Schreibtisch. Er telefoniert mit Patrick.

„Du hast mir gar nicht erzählt, was du mit der „Affäre“ Tizip zu tun hast.“

„Entschuldigung, Richard. Das ist ganz einfach. Frau Caste hat mich beauftragt, ihren Mann zu beobachten.“

„Warum?“

„Frau Caste glaubte, dass ihr Mann mit Venus Tizip ein Verhältnis hatte.“

„Und, hatten sie eins?“

„Nein. Es war so: Cassio Caste wollte die Pizzeria von Venus mit der Galerie zusammenführen. Deshalb haben sich Cassio und Venus mehrere Male getroffen. Darüber war Kaspar selbstverständlich informiert und er hat einige Male an den Treffen teilgenommen, aber halt nicht immer. Er hatte genug mit den Vorbereitungen zur *documenta* zu tun.“

„Das ist ja interessant“, sagt der Kommissar. „Das ändert die Sachlage. Mir hat eine Person erzählt, Cassio und Venus immer allein gesehen zu haben. Er hat nicht von der Anwesenheit von Kaspar Tizip bei einigen der Treffen berichtet.“
Neugierig fragt Patrick:

„Wer ist diese Person?“

„Timo Beil.“

„Welches Motiv könnte Timo Beil haben, so etwas zu erzählen?“ Patrick ist ein wenig durcheinander.

„Rache“, antwortet Richard. „Er wollte die Ehepaare Tizip und Caste auseinanderbringen. Aber ein Mord[37]?“

„Wer bleibt dann noch übrig?“, fragt Patrick. „Du denkst doch nicht, dass …?“

„Doch, genau das tue ich“, sagt Richard.

„Frau Caste kommt morgen gegen 11 Uhr in mein Büro. Wenn du Zeit hast …“

„Gut, bis morgen also.“

Am nächsten Tag trifft Barbara Caste im Büro von Patrick Reich ein. Der Kommissar wartet im Nebenzimmer. Die Tür steht halb offen.

37 einen Menschen töten

Kapitel | 12

Barbara Caste hat Platz genommen. Ungeduldig wartet sie, bis sie die Stille nicht mehr aushält. Ohne gefragt zu werden, fängt sie an zu reden.

„Ich weiß, wer der Täter ist", sagt sie dem überraschten Privatdetektiv. „Timo Beil. Er hat Kaspar Tizip getötet. Er profitiert von seinem Tod. Die Bilder und Skulpturen von Kaspar steigen jetzt im Wert. Timo hat seinem Freund nicht verziehen, dass er mit einem anderen Galeristen Geschäfte machen wollte." Patrick steckt sich eine Zigarette in den Mund, ohne sie anzuzünden. „Ja, es ist wahr, Timo Beil hat Kaspar Tizip vergiftet."

„Woher wissen Sie, dass Kaspar Tizip vergiftet worden ist? Das wissen bis heute nur drei Personen: der Gerichtsme-

diziner, der Kriminalhauptkommissar und ich", sagt Patrick Reich leise.
Barbara beißt sich auf die Lippen. Zu spät. Sie hat sich selbst verraten. Sie bricht in Tränen[38] aus. Nach und nach beruhigt sie sich. Patrick wartet geduldig.

„Ich höre."

Barbara spricht in kurzen Sätzen.

„Ein Irrtum. Ein schrecklicher Irrtum. Mein Mann betrügt mich mit Venus. Timo Beil hat von intimen Situationen zwischen Venus und Cassio erzählt. Und dann das Parfum, die Telefonate ... Ich wollte, dass Venus meinen Mann in Ruhe lässt. Ich wollte Venus bestrafen. Ich wollte, dass das Gift hässliche Spuren[39] in ihrem Gesicht hinterlässt, wie bei dem Ukrainer Viktor Juschtschenko. Ich tat das Gift in ihr Cocktailglas. Das Glas war für Venus, nicht für Kaspar. Ein Irrtum, ein böser Irrtum. Ich habe zu viel reingetan ... Ich wollte niemanden töten. Wirklich nicht. Herr Reich, das müssen Sie mir glauben."

Der Privatdetektiv hat Mitleid mit Barbara. Er denkt an Othello und Desdemona[40].

Die Tür zum Nebenzimmer geht auf. Der Kommissar kommt auf Barbara zu.

„Frau Caste, stehen Sie bitte auf. Ich nehme Sie vorläufig[41] fest. Bitte folgen Sie mir."

38 Wasser in den Augen
39 Beweise, Zeichen
40 Drama von Shakespeare und Oper von Verdi
41 für den Augenblick

Acht Monate später.

Cassio hat seiner Frau verziehen. Er besucht sie regelmäßig im Gefängnis[42].

Venus hat sich zurückgezogen[43]. Sie will allein leben. Die Pizzeria steht zum Verkauf.

Timo Beil hat die *documenta*-Stadt verlassen. Seine Geschäfte laufen gut.

42 Ort, in dem Kriminelle zur Strafe eingeschlossen werden
43 wenig Kontakt zu anderen Menschen haben

Übungen

Kapitel 1

Ü 1 Haben Sie das im Text gelesen?

	Ja	Nein
1. Kaspar Tizip ist wegen der *documenta* nach Kassel gekommen.	☐	☐
2. Der Künstler fällt wegen seines Aussehens auf.	☐	☐
3. Ein Fernsehteam berichtet über den Künstler.	☐	☐
4. Venus ist mit der Arbeit ihres Mannes sehr zufrieden.	☐	☐
5. Der Vater von Venus ist Besitzer einer Pizzeria.	☐	☐
6. Venus hätte gerne Kinder.	☐	☐
7. Venus lebt mit ihrem Mann in einer sehr glücklichen Beziehung.	☐	☐

Kapitel 2

Ü 2 Richtig oder falsch? Kreuzen Sie an.

	richtig	falsch
1. Barbara hat ihren Mann in Italien kennengelernt.	☐	☐
2. Barbara liebt ihren Mann wie am ersten Tag.	☐	☐
3. Cassio ist größer als seine Frau.	☐	☐

4. Cassio trägt am rechten Mittelfinger einen kleinen Ring. ☐ ☐
5. Cassio hat sich äußerlich überhaupt nicht verändert. ☐ ☐
6. Cassio hat seiner Frau zum Hochzeitstag Blumen mitgebracht. ☐ ☐
7. Das Make-up von Barbara fällt auf. ☐ ☐
8. Barbara trinkt ein Glas Rotwein, um sich zu beruhigen. ☐ ☐
9. Barbara weiß nicht, ob ihr Mann die Wahrheit sagt. ☐ ☐

Kapitel 3

Ü 3 Ergänzen Sie bitte das fehlende Wort.

1. Kaspar wartet seit einer halben Stunde _____ Cassio.
2. Cassio entschuldigt sich _____ die Verspätung.
3. Er nimmt auf dem _____ Kaspar gegenüber Platz.
4. „Was _____ Sie trinken?", fragt ihn _____ Kellner.
5. Cassio und Kaspar machen Pläne _____ die Zukunft.
6. Beide träumen _____ einer neuen Verbindung _____ Kunst und Gastronomie.
7. Cassio hat sich schon intensiv _____ eine Zusammenarbeit _____ Kaspar Gedanken gemacht.
8. Er erklärt Kaspar seine _____ .
9. Cassio und Kaspar sind _____ ihrem Gespräch zufrieden.
10. _____ bestellen zwei Glas Champagner.

Kapitel 4

Ü 4 Welche Zusammenfassung ist richtig?

A. Timo lädt Kaspar zum Essen ein. Beide kennen sich schon seit langer Zeit. Timo war für Kaspar eine große Hilfe, als er nach Deutschland kam und so gut wie kein Deutsch sprach. Sie haben beide Nächte lang diskutiert. Heute Morgen merkt Timo, dass etwas nicht stimmt. Timo hat ein ungutes Gefühl.

B. Kaspar weiß genau, wie er sich Timo gegenüber verhalten soll. Er möchte ihm sagen, dass er sich von ihm trennen will, weil er sich von einer künstlerischen Zusammenarbeit mit Cassio Caste mehr verspricht.

C. Kaspar und Timo kennen sich seit zwanzig Jahren. Kaspar hat Timo viel zu verdanken. Deshalb fällt es Kaspar sehr schwer, seinem Freund zu sagen, dass sich ihre künstlerischen Wege trennen werden. Kaspar glaubt, künstlerisch auf der Stelle zu treten. Er möchte in Zukunft mit einem anderen Galeristen arbeiten, den auch Timo gut kennt.

Kapitel 5

Ü 5 Welche Sätze sind falsch? Kreuzen Sie an.

1. Timo und Barbara haben sich erst vor Kurzem getroffen. ☐
2. Barbara kauft Kuchen, den sie mit großem Appetit isst. ☐
3. Timo Beil hat Venus und Cassio mehrere Male zusammen gesehen. ☐

4. Barbara ist froh, dass sie von Timo Neuigkeiten erfährt. ☐
5. Zufrieden geht Barbara nach der Mittagspause in ihr Büro zurück. ☐
6. Timo freut sich über seine Intrige. ☐
7. Timo denkt, dass man mit eifersüchtigen Frauen leichtes Spiel hat. ☐

Kapitel 6

Ü 6 Bringen Sie die Sätze in die richtige Reihenfolge.

A Barbara erzählt ihrer Freundin von ihrem bösen Verdacht.
N Barbara möchte sich mit ihrer Freundin Petra treffen.
C Barbara sucht im Kleiderschrank im Schlafzimmer nach einem Schal.
O Mit einem Glas geht Barbara in das Wohnzimmer.
E Barbara ist deprimiert.
D Barbara hat Durst.
T Barbara besucht Petra.
M Barbara riecht ein fremdes Parfum.

Tragen Sie die Buchstaben in der richtigen Reihenfolge in die Kästchen ein:

1	2	3	4	5	6	7	8	9
			U					

Kapitel 7

Ü 7 Welche Zusammenfassung ist richtig?

A. Privatdetektiv Reich lernt Barbara Caste vor der Orangerie kennen. Reich interessiert sich sehr für das Ehepaar Tizip. Er lässt Venus und Kaspar nicht aus den Augen… Reich beobachtet Kaspar genau. Patrick Reich ist der Einzige, der sofort reagiert, als Kaspar Tizip leblos auf dem Rasen liegt. Er ruft einen Notarzt und den Kriminalhauptkommissar.

B. Privatdetektiv Reich hat sich für den Abend mit Barbara Caste verabredet. Sie treffen sich vor der Orangerie. Reich interessiert sich besonders für die Gäste und das Ehepaar Tizip. Reich sieht, wie Kaspar auf den Rasen fällt und leblos liegen bleibt. Reich ruft sofort den Notarzt und seinen Freund Richard an.

C. Petra von der Aue erklärt Patrick Reich, wer die verschiedenen Gäste sind. Patrick konzentriert sich auf Kaspar Tizip. Als er sieht, dass mit Kaspar etwas nicht stimmt, eilt er sofort zu ihm. Kurz darauf ruft er den Notarzt und seinen Freund Richard an.
Die Gäste stehen unter Schock. Sie wissen nicht, was sie tun sollen. Cassio kümmert sich um seine Frau. Timo Beil ist nicht zu sehen.

Kapitel 8

Ü 8 Welche Sätze sind falsch? Kreuzen Sie an.

1. Patrick Reich hat seiner Freundin das Rauchen verboten. ☐
2. In einer Woche steht fest, um welches Gift es sich handelt. ☐
3. Patrick und der Kommissar sind Freunde. Sie helfen sich manchmal. ☐
4. Der Kommissar hat Freunde und Bekannte von Kaspar Tizip vorgeladen. ☐
5. Am späten Abend spricht der Kommissar mit Venus Tizip. ☐
6. Venus kann sich nicht vorstellen, dass ihr Mann einem Verbrechen zum Opfer gefallen ist. ☐
7. Venus berichtet dem Kommissar über einen Streit zwischen ihrem Mann und Timo Beil. ☐
8. Venus bittet Kommissar Richard um ein Taschentuch. ☐
9. Zum Schluss verhört der Kommissar Barbara Caste. ☐

Kapitel 9

Ü 9 Finden Sie die fehlenden Wörter wieder. (Ä = AE)

1		2												
2		5												
3				10										
4	7													
5			11											
6		4												
7									8					
8			12											
9								3						
10				6										
11							9							
12	1													

1 Richard will wissen, ob es in der letzten Zeit zwischen Timo und Kaspar Probleme …?
2 Wen befragt Richard? Er befragt …
3 Timo Beil war der beste Freund von Herrn …
4 … wollte den Galeristen wechseln.
5 Richard hat Timo Beil … verstanden.
6 Zwischen Timo und Kaspar gab es geschäftliche …
7 Welchen Beruf hat Richard? Er ist …
8 Da sie keine Kinder bekommen kann, ist Venus in psychologischer …
9 Cassio und Venus sollen ein … haben.

10 Timo möchte Venus nicht eines Mordes …
11 Cassio und Venus sind angeblich näher befreundet als es … üblich ist.
12 Timo Beil vergleicht Venus mit einer …

Lösung:

1	2	3	4	5	6	7

8	9	10	11	12

Kapitel 10

Ü 10 Unser Drucker hat keine Tinte mehr: Vervollständigen Sie den Text:

Cassio Caste sollte der neue ________ von Kaspar werden, weil Kaspar Sc________n mit Timo Beil hatte.

Kaspar wollte neue k________ische Wege gehen. Das war für Timo eine schwierige ________ .

Obwohl Timo gut an Kaspar verdient hat, gibt es keinen ________ zu sagen, dass er irgendwas mit dem________ an Kaspar zu tun haben könnte.

Frau Caste kann etwas über die Be________ zwischen Kaspar und Timo erzählen, weil sie mit Venus eng befreundet ist. Die ________ von Kaspar und Venus war in einer Krise. Venus sollte angeblich ein Ver________is mit Cassio haben.

Kapitel 11–12

Ü 11 Welche Person hat welche Aussage gemacht?

Barbara Caste – Richard Tauber – Patrick Reich

1. „Welches Motiv könnte Timo Beil haben, so etwas zu erzählen?"
2. „Mir hat eine Person erzählt, Cassio und Venus immer allein gesehen zu haben."
3. „Frau Caste kommt morgen gegen 11 Uhr in mein Büro. Wenn du Zeit hast …"
4. „Ich weiß, wer der Täter ist."
5. „Ich nehme Sie vorläufig fest. Bitte folgen Sie mir."
6. „Mein Mann betrügt mich mit Venus."
7. „Woher wissen Sie, dass Kaspar Tizip vergiftet worden ist?"
8. „Ja, es ist wahr, Timo Beil hat Kaspar Tizip vergiftet."

Ü 12 Kapitel 1–12 (Ü und Ö = jeweils ein Buchstabe)
Schreiben Sie senkrecht:

1 In welcher Stadt spielt unsere Geschichte?
2 Was begeht man, wenn man einen Menschen tötet?
3 Was ist der Beruf von Kaspar?
4 Wo lernten sich Kaspar und Timo kennen?
5 Wie heißt die wichtigste Ausstellung moderner Kunst?
6 Wo steht die Ausstellungshalle der *documenta*?
7 Pizzeria und Galerie zusammen heißt Kunst und … zusammen.
8 Was ist Barbaras größtes Problem?
9 Barbara geht mit einem Glas ins … und schaltet den Fernseher an.

10 Was will Cassio mit der Galerie verbinden?
11 Venus ist die Göttin der … .
12 Venus Tizip steht … für Kaspar.
13 Das ist der Beruf von Timo und Cassio.
14 Wofür bekam Kaspar ein Stipendium?

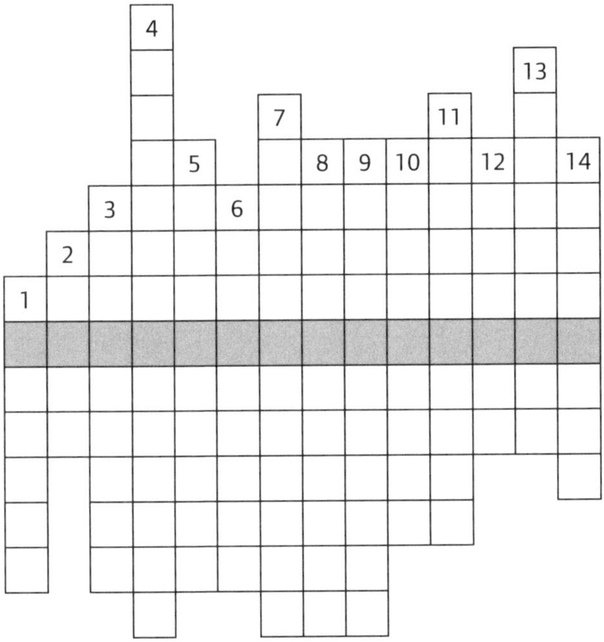

Lösungen

Kapitel 1
Ü1 Ja: 2, 5, 6
Nein: 1, 3, 4, 7

Kapitel 2
Ü2 richtig: 2, 8, 9
falsch: 1, 3, 4, 5, 6, 7

Kapitel 3
Ü3 1. auf; 2. für; 3. Stuhl;
4. möchten, der; 5. für;
6. von, von; 7. über, mit;
8. Ideen/Pläne; 9. mit;
10. Sie

Kapitel 4
Ü4 richtig: C

Kapitel 5
Ü5 falsch: 1, 2, 4, 5

Kapitel 6
Ü6 DOCUMENTA

Kapitel 7
Ü7 richtig: B

Kapitel 8
Ü8 falsch: 1, 2, 5, 8

Kapitel 9
Ü9

1	G	**A**	B											
2	T	**I**	M	O										
3	T	I	Z	**I**	P									
4	**K**	A	S	P	A	R								
5	R	I	**C**	H	T	I	G							
6	P	**R**	O	B	L	E	M	E						
7	K	O	M	M	I	S	S	A	**R**					
8	B	E	**H**	A	N	D	L	U	N	G				
9	V	E	R	H	A	E	L	**T**	N	I	S			
10	B	E	S	**C**	H	U	L	D	I	G	E	N		
11	N	O	R	M	A	L	**E**	R	W	E	I	S	E	
12	**P**	O	R	Z	E	L	L	A	N	P	U	P	P	E

Lösung: PATRICK REICH

Kapitel 10

Ü 10 Galerist, Schwierigkeiten, künstlerische, Situation, Grund, Mord, Beziehung, Ehe, Verhältnis

Kapitel 11 – 12

Ü 11 Barbara Caste: 4, 6, 8
Richard Tauber: 2, 5
Patrick Reich: 1, 3, 7

Ü 12

			4										
			K									13	
			U			7				11		G	
			N	5		G	8	9	10	S	12	A	14
		3	S	D	6	A	E	W	P	C	M	L	S
	2	K	T	O	K	S	I	O	I	H	O	E	T
1	M	Ü	A	C	A	T	F	H	Z	Ö	D	R	U
K	O	N	K	U	R	R	E	N	Z	N	E	I	D
A	R	S	A	M	L	O	R	Z	E	H	L	S	I
S	D	T	D	E	S	N	S	I	R	E	L	T	U
S		L	E	N	A	O	U	M	I	I			M
E		E	M	T	U	M	C	M	A	T			
L		R	I	A	E	I	H	E					
			E			E	T	R					

MP3:
Tödlicher Cocktail
Ein Fall für Patrick Reich

Gelesen von Maria Koschny

Regie:	Maria Funk
	Christian Schmitz
Toningenieur:	Christian Schmitz
Studio:	Clarity Studio Berlinn

unter www.cornelsen.de/daf-bibliothek/audios